AF357737

INSTRUCTION MINISTÉRIELLE

DU 3 DÉCEMBRE 1896

POUR

L'ÉTABLISSEMENT DES PROPOSITIONS

POUR

LE GRADE DE SOUS-LIEUTENANT

DANS L'ARME DE LA CAVALERIE

(Extrait du *Journal militaire*, 2ᵉ sem. 1896, n° 32.)

PARIS

LIBRAIRIE MILITAIRE DE L. BAUDOIN

IMPRIMEUR-ÉDITEUR

30, Rue et Passage Dauphine, 30

1897

INSTRUCTION MINISTÉRIELLE

DU 3 DÉCEMBRE 1896

POUR

L'ÉTABLISSEMENT DES PROPOSITIONS

POUR

LE GRADE DE SOUS-LIEUTENANT

DANS L'ARME DE LA CAVALERIE

MODE DE PRÉSENTATION DES CANDIDATS.

Candidats proposés par les chefs de corps.

Art. 1er. Chaque année, le 10 janvier, les chefs de corps ou de service adressent au général de brigade un état de proposition, conforme au modèle annexé à la présente instruction, des sous-officiers qu'ils jugent aptes à devenir officiers; le général de brigade, après avoir émis son avis, adresse cet état au général commandant la division ou à l'inspecteur général permanent (au général de division président du Comité de cavalerie, pour les candidats de l'Ecole d'application de cavalerie, de l'Ecole spéciale militaire et de la portion centrale de la 5e compagnie de cavaliers de remonte).

Doivent seuls être présentés les candidats ayant la conduite, l'éducation, la capacité, l'instruction et la fermeté nécessaires pour commander. Ces candidats doivent avoir au moins deux ans de grade de sous-officier au 31 décembre de l'année qui précède la proposition, et produire un certificat d'instruction militaire délivré par une commission régimentaire (1), constatant qu'au

---

(1) Cette commission se compose du chef de corps et de tous les officiers supérieurs. Dans les régiments fractionnés, elle se compose seulement du chef de corps et des officiers supérieurs présents à la portion principale.

Les candidats appartenant à des fractions détachées ou à des dépôts séparés de la portion principale sont dirigés, en temps opportun, sur la portion principale pour subir les épreuves.

Les candidats appartenant au cadre constitutif des Ecoles militaires, ou détachés

point de vue de l'instruction générale et de l'instruction militaire théorique et pratique, ils sont susceptibles d'être proposés pour suivre les cours des élèves-officiers de l'École de cavalerie.

Le modèle de ce certificat, qui n'est valable que pour l'année au titre de laquelle il a été établi, est annexé à la présente instruction.

Les examens pour l'obtention de ce certificat sont oraux et portent sur les matières exigées pour les épreuves définitives (art. 8 et 22). Ils ont lieu chaque année, dans les premiers jours du mois de janvier ; les chefs de corps ou de service en fixent eux-mêmes la date.

Candidats acceptés par les inspecteurs généraux.

Art. 2. Les généraux de brigade et les généraux commandant les divisions ou les inspecteurs permanents de cavalerie ont pu déjà apprécier ces candidats, qui ont dû leur être présentés pendant les manœuvres ou au cours de l'inspection générale précédente ; ils se font d'ailleurs remettre par les chefs de corps toutes les pièces ou notes pouvant les éclairer ; ils s'assurent que les candidats présentés remplissent bien les conditions exigées à l'article précédent, éliminent ceux dont la candidature leur paraît prématurée ou insuffisamment justifiée, et proposent les autres pour le grade de sous-lieutenant, au titre de l'inspection générale de l'année courante, et par anticipation sur le travail de celle-ci.

Art. 3. Il est établi pour chaque sous-officier accepté par l'inspecteur un mémoire de proposition conforme au modèle arrêté par le Ministre, sur lequel le mérite du candidat est constaté et apprécié successivement par le chef de corps ou de service, le général de brigade et l'inspecteur général. Chacun d'eux résume son opinion dans une cote numérique, dite note d'ensemble, représentée par un nombre entier pris dans l'échelle de 0 à 20 et qualifiant à la fois la conduite, la tenue, la capacité, l'aptitude au commandement et l'aptitude équestre.

Ce mémoire est accompagné du certificat délivré par la commission régimentaire, de l'extrait de l'acte de naissance des sous-officiers proposés pour la première fois, et de la demande

---

dans ces Écoles à un titre quelconque (y compris les sous officiers de la 5ᵉ compagnie de remonte) sont examinés par une commission dont la composition est fixée, suivant les ressources en officiers de l'arme, par le commandant de l'École, qui doit toujours la présider.

Les candidats appartenant aux compagnies de cavaliers de remonte autres que la 5ᵉ ou détachés dans le service des remontes, sont examinés par une commission composée du commandant de la circonscription ou, à défaut, du commandant du dépôt de remonte où le candidat se trouve employé, et des deux officiers de cavalerie les plus élevés en grade, ou les plus anciens présents dans la localité, et appartenant aux compagnies de cavaliers de remonte ou employés dans le service des remontes.

écrite des adjudants et des maréchaux des logis s'ils sont admis à suivre les cours de l'Ecole de cavalerie. Au moment de leur départ pour Saumur, leur rétrogradation est prononcée dans les formes prescrites par l'article 317 du décret du 20 octobre 1892.

Les mémoires de proposition sont réunis, pour chaque corps ou établissement, dans un état nominatif conforme au modèle arrêté, qui doit être adressé au Ministre (2° direction, bureau de la cavalerie), de façon à lui parvenir au plus tard le 10 février ; cet état doit être fourni, même lorsqu'il est négatif.

L'inspecteur général adresse ensuite au général commandant le corps d'armée (pour la Tunisie, au général commandant la division d'occupation), la liste des sous-officiers qu'il a proposés pour le grade de sous-lieutenant.

CONCOURS POUR L'ADMISSION A L'ÉCOLE D'APPLICATION DE CAVALERIE COMME ÉLÈVE-OFFICIER.

Art. 4. Il est ouvert, chaque année, entre tous les sous-officiers de cavalerie proposés par les inspecteurs généraux pour le grade de sous-lieutenant, un concours à la suite duquel ceux d'entre eux qui ont satisfait aux différentes épreuves sont admis comme élèves-officiers à l'Ecole d'application de cavalerie, dans l'ordre de classement résultant du concours, et jusqu'à concurrence du nombre déterminé par le Ministre.

Ce concours comprend :

1° Un examen écrit d'instruction générale portant sur les matières indiquées dans le programme d'enseignement du cours préparatoire suivi par les sous-officiers jugés aptes à devenir officiers ;

2° Un examen oral d'instruction militaire théorique et pratique.

Art. 5. Tous les candidats proposés pour le grade de sous-lieutenant sont, au moyen des listes qui lui ont été adressées par l'inspecteur général, en conformité des dispositions du dernier paragraphe de l'article 3 ci-dessus, convoqués par le général commandant le corps d'armée, dans la ville siège de son commandement (1) pour passer l'examen écrit (2).

L'examen écrit commence le 1ᵉʳ mars (le 2, quand le 1ᵉʳ tombe un dimanche ou un jour férié).

Les candidats doivent être rendus au chef-lieu de leur corps

---

(1) En raison de l'étendue du 6° corps et du nombre des régiments de cavalerie qui s'y trouvent stationnés, le général commandant ce corps d'armée est autorisé à répartir entre trois centres d'examen (Lunéville, Verdun et Châlons) les sous-officiers admis à subir les épreuves écrites.

(2) Les sous-officiers des remontes et les sous-officiers des écoles militaires sont convoqués avec les candidats du corps d'armée ou du gouvernement militaire sur le territoire duquel ils sont employés.

d'armée la veille du jour où ils doivent subir ces épreuves. Ils sont placés en subsistance dans un des corps de la garnison.

EXAMEN ÉCRIT D'INSTRUCTION GÉNÉRALE.

Art. 6. Cet examen sert à établir un premier classement, à la suite duquel les candidats dont l'instruction générale est jugée insuffisante sont éliminés.

Les sujets des compositions et les imprimés nécessaires sont envoyés sous plis cachetés par le Ministre à tous les commandants de corps d'armée.

Le commandant de corps d'armée désigne un officier supérieur de cavalerie auquel il adjoint un ou plusieurs capitaines pour surveiller les compositions et dresser le procès-verbal des séances, lequel doit faire mention des divers incidents qui ont pu se produire.

Les capitaines adjoints à l'officier supérieur pourront être choisis dans une autre arme que la cavalerie. Leur nombre sera en proportion du nombre de candidats convoqués dans chaque corps d'armée.

Le commandant de corps d'armée ne peut en aucun cas adjoindre à l'officier supérieur des capitaines de cavalerie chargés, dans leur régiment, de la direction du cours préparatoire ou participant, dans une mesure quelconque, à l'enseignement donné aux élèves de ce cours.

Art. 7. L'officier supérieur désigné pour exercer la surveillance des épreuves d'instruction générale veille, sous sa responsabilité personnelle, à ce que ces épreuves aient lieu dans les conditions de sincérité les plus absolues.

Dans ce but, il s'assure, la veille du jour fixé pour le commencement des examens, que la salle de composition ne renferme aucun objet (livres, cahiers, cartes, plans-reliefs, mappemondes, tableaux, etc.) pouvant fournir aux sous-officiers une indication quelconque.

Le jour de l'ouverture des examens, et avant la première séance, il assigne à chaque candidat une place déterminée, en s'efforçant, dans la mesure du possible, de ne pas placer l'un à côté de l'autre des sous-officiers appartenant au même régiment et en séparant les concurrents par un intervalle suffisant pour qu'il ne puisse s'établir entre eux aucune communication.

Avant le commencement des épreuves, l'officier supérieur chargé de la surveillance fait donner connaissance aux candidats des dispositions contenues dans les articles 8, 9, 10, 11, 12, 14, 15 et 16 de la présente instruction et leur rappelle, en quelques mots, que chacun d'eux doit, par sentiment d'honneur et par esprit de justice, écarter tout secours frauduleux.

Il s'assure, d'ailleurs, avec le plus grand soin que les sous-officiers n'ont en leur possession ni ouvrage, ni manuscrit, ni notes susceptibles de les aider dans leur travail.

Il ne leur permet sous aucun prétexte de quitter la salle d'examen avant d'avoir remis au préalable leur feuille de composition. Dans ce cas, les candidats sortis avant l'expiration du temps accordé pour la composition ne doivent plus rentrer dans la salle. Ils peuvent être admis aux compositions suivantes, mais non autorisés à faire une nouvelle composition analogue à celle qu'ils n'ont pu achever.

Afin de ne pas porter atteinte à la sincérité des épreuves, l'officier supérieur chargé de la surveillance tient la main à ce qu'il ne soit donné aucun conseil ou éclaircissement aux candidats.

Il a le droit de résoudre toutes les questions qui peuvent s'élever pendant la durée de l'examen d'instruction générale et de prononcer, s'il y a lieu, l'exclusion des candidats convaincus de fraude (art. 16).

Art. 8. Les examens d'instruction générale comprennent :

1º Une dictée (le texte de la dictée doit être lu préalablement en son entier, puis dicté, et relu de nouveau à voix posée et avec l'intonation nécessaire pour faire sentir la ponctuation, qui, dans aucun cas, ne doit être dictée) ;

2º Une narration sur un sujet d'histoire (cette composition est appréciée au double point de vue du style et de la connaissance du sujet) ;

3º Une composition sur un sujet de géographie ;

4º Une composition d'arithmétique (résolution de problèmes et questions théoriques) ;

5º Une composition de géométrie et de topographie (résolution de problèmes et questions théoriques).

Les candidats doivent reproduire sur les feuilles de composition la série complète des opérations effectuées pour résoudre les questions théoriques et les problèmes, et indiquer le raisonnement qui a conduit au résultat obtenu.

Nota. — La composition de narration sur un sujet d'histoire et la composition de géographie peuvent toutes les deux comporter, en raison des questions posées, l'exécution facultative de croquis dont il est tenu compte dans la détermination de la cote à attribuer à chacune de ces épreuves.

Art. 9. L'officier supérieur chargé de la surveillance fait décacheter, en présence des candidats, l'enveloppe renfermant chaque sujet de composition.

Le procès-verbal de la séance doit constater si le cachet était intact.

Art. 10. Les compositions sont faites sur des feuilles à en-tête imprimé envoyées du ministère. Ces feuilles sont délivrées aux sous-officiers, au commencement de chaque séance. Chaque candidat y inscrit lisiblement sans aucune abréviation, dans l'ordre exact où ils sont mentionnés sur son acte de naissance, son nom patronymique et ses prénoms, ainsi que son emploi et son régiment, et, avant de remettre son travail, appose sa signature à l'endroit indiqué sur l'en-tête de la composition.

Art. 11. Il est accordé aux candidats :

1° Pour relire la dictée, un quart d'heure ;

2° Pour la narration sur un sujet d'histoire, quatre heures ;

3° Pour la composition de géographie, quatre heures ;

4° Pour la composition d'arithmétique, trois heures ;

5° Pour la composition de géométrie et de topographie, trois heures.

non compris le temps nécessaire pour la dictée du sujet.

Art. 12. Les compositions sont faites en deux journées, savoir :

Le premier jour : le matin, la dictée et la composition de géométrie et de topographie ; le soir, la composition de géographie ;

Le lendemain (ou le surlendemain, si le lendemain est un dimanche) : le matin, la composition de narration sur un sujet d'histoire ; le soir, la composition d'arithmétique.

Art. 13. A l'expiration du temps accordé pour chaque composition, les copies sont recueillies. Elles sont immédiatement réunies, après chaque épreuve et en présence des candidats, dans une très solide enveloppe portant en suscription l'indication de son contenu, qui est scellée et contresignée, séance tenante, par l'officier supérieur chargé de la surveillance, et envoyée le jour même directement au Ministre (2ᵉ Direction, Bureau de la Cavalerie), sous pli chargé renfermant également le procès-verbal de chaque séance. Ce procès-verbal est signé par tous les officiers surveillants.

Les plis remis à la poste doivent être confectionnés de manière à parvenir intacts au ministère et porter en caractères très apparents la mention suivante : « Concours des sous-officiers de cavalerie candidats au grade de sous-lieutenant. — Très confidentiel » (1).

Art. 14. Tout candidat qui ne remet pas l'une quelconque des compositions, ou dont une composition est cotée 0, ou qui ne se présente pas à l'une des épreuves, est, par cela même, exclu du concours. Mais les compositions inachevées n'entraînent pas nécessairement l'exclusion.

Art. 15. Les compositions sont corrigées au ministère par une commission d'officiers de cavalerie nommée à cet effet par le Ministre.

---

(1) Il est recommandé d'une façon toute spéciale à l'officier supérieur chargé de la surveillance des compositions, d'apporter le plus grand soin aux différentes opérations mentionnées à l'article 13, et notamment de n'employer que des enveloppes d'un papier assez fort pour résister aux diverses causes de détérioration auxquelles les exposent les nombreuses manipulations qu'elles ont à subir dans leur transport.

Avant la remise des compositions aux correcteurs, la partie de chacune des feuilles sur laquelle se trouvent le nom et la signature du candidat est détachée dans les bureaux du ministère. Les noms sont remplacés par des numéros d'ordre.

Les parties enlevées sont mises sous scellés.

Les compositions sont cotées par les correcteurs ; elles reçoivent un numéro de mérite compris dans l'échelle de 0 à 20.

Art. 16. Toute cote pour la dictée inférieure à 14 entraîne à elle seule l'exclusion, qui atteint également tout candidat convaincu de fraude.

Cette dernière disposition (fraude) porte non seulement sur le concours commencé, mais encore, en principe, sur ceux des années suivantes.

Tout sous-officier exclu pour fraude ne sera plus admis à concourir pour le grade de sous-lieutenant, qu'autant qu'il aura prouvé, pendant un temps suffisant, qu'il a réellement compris la gravité de sa faute et s'est pénétré des devoirs qui incombent à un officier.

Art. 17. La cote donnée à chaque composition est inscrite, en toutes lettres, sur la composition même, qui, une fois la correction terminée et la cote arrêtée, est signée par l'officier correcteur et par le président de la commission.

Le nombre de points attribué à chaque composition est déterminé par le produit de la multiplication de la cote de cette composition par le coefficient correspondant à la nature de l'épreuve.

Art. 18. Dès que les corrections sont terminées, les compositions, accompagnées d'un état général indiquant, en regard de leur numéro d'ordre, la cote attribuée à chacune d'elles, le produit de cette cote par le coefficient affecté à chaque épreuve et la somme des divers produits, sont retournées au Ministre par les correcteurs.

La commission vérifie avec le plus grand soin l'exactitude des calculs contenus dans l'état général ci-dessus mentionné, qui est signé par tous les correcteurs.

Art. 19. Sont seuls déclarés admissibles à l'examen oral d'instruction militaire, les candidats qui ont obtenu, pour l'ensemble de leurs compositions, au moins 390 points (chiffre correspondant à la cote moyenne 13).

Art. 20. Les noms des candidats déclarés admissibles sont publiés au *Journal officiel* et portés à la connaissance des généraux gouverneurs militaires et commandants de corps d'armée, qui les notifient aux chefs de corps ou de service intéressés.

La liste des admissibles publiée au *Journal officiel* est établie par corps d'armée et par régiment, compagnie de remonte ou école. Dans chaque unité, les candidats sont classés par ordre alphabétique.

Les sous-officiers déclarés admissibles, mais qui ne sont pas compris sur la liste définitive de classement, sont astreints à subir de nouveau, l'année suivante, les épreuves d'instruction générale, et leur candidature au grade de sous-lieutenant est reproduite.

EXAMEN ORAL D'INSTRUCTION MILITAIRE.

Art. 21. Une commission unique est chargée de faire subir l'examen d'instruction militaire aux sous-officiers déclarés admissibles à la suite des épreuves d'instruction générale,

Cette commission se compose de trois membres nommés par le Ministre de la guerre, savoir :

Un colonel ou lieutenant-colonel de cavalerie, président.

Deux chefs d'escadrons de cavalerie, membres.

Art. 22. L'examen théorique porte sur les matières indiquées à l'article 4 des bases de l'instruction du règlement du 31 mai 1882, au paragraphe intitulé « Instruction des sous-officiers », et au tableau indiquant les différentes instructions à donner dans le régiment, en y ajoutant des notions sommaires sur :

1º Les différentes formations du régiment ;

2º L'instruction du tir (manuel de tir) ;

3º Le transport des troupes de cavalerie par les voies ferrées ;

4º Le pétard à l'usage de la cavalerie et son emploi ;

5º Les principales lois régissant l'armée, en ce qui concerne l'organisation générale, les cadres et les effectifs, le recrutement de l'armée et le rengagement des sous-officiers ;

6º L'administration d'un escadron.

L'examen pratique porte sur les matières ci-après :

Ecole du cavalier à pied et à cheval (commandement et exécution) ;

Ecole du peloton à pied et à cheval (commandement) ;

Commandement du peloton dans l'escadron ;

Solution d'une question de service en campagne ;

Lecture de la carte sur le terrain ;

Equitation, escrime, voltige.

Art. 23. L'examen d'instruction militaire commence chaque année, le 1ᵉʳ mai (ou le 2 si le 1ᵉʳ tombe un dimanche).

La commission siège d'abord à Paris, puis se transporte successivement à Lyon, Marseille, Limoges, Tours, Compiègne et Châlons, ou inversement à Châlons, Compiègne, Tours, Limoges, Marseille et Lyon, en alternant tous les ans.

En 1897, la commission commencera ses opérations en province par le centre de Lyon.

Sont convoqués à Paris les candidats stationnés dans le gouvernement militaire de Paris et sur le territoire des 4ᵉ et 5ᵉ corps d'armée.

Sont convoqués à Lyon les candidats stationnés dans le gouvernement militaire de Lyon et sur le territoire des 7e, 8e, 13e et 14e corps d'armée.

Sont convoqués à Marseille les candidats stationnés sur le territoire des 15e et 19e corps d'armée et en Tunisie.

Sont convoqués à Limoges les candidats stationnés sur le territoire des 12e, 16e, 17e et 18e corps d'armée.

Sont convoqués à Tours les candidats stationnés sur le territoire des 9e, 10e et 11e corps d'armée.

Sont convoqués à Compiègne les candidats stationnés sur le territoire des 1er, 2e et 3e corps d'armée.

Sont convoqués à Châlons les candidats stationnés sur le territoire du 6e corps d'armée.

Art. 24. Le président de la commission fait connaître, au moins six jours à l'avance, au Ministre et à chacun des gouverneurs militaires ou commandants de corps d'armée intéressés, la date à laquelle la commission commencera ses opérations dans les différentes villes, centres d'examen.

Pendant la durée des épreuves, les candidats sont placés en subsistance dans un des corps de la garnison.

Art. 25. Le président de la commission reçoit, pour chaque centre, une liste nominative sur laquelle tous les candidats appelés à subir les examens dans ce centre sont inscrits dans l'ordre alphabétique, sans distinction de régiment ni de corps d'armée.

Le président de la commission convoque, au moyen d'avis adressés directement par lui aux chefs de corps ou de service, les candidats mentionnés sur cette liste, dans l'ordre exact où ils sont classés et par séries successives, comprenant chacune le nombre de sous-officiers susceptibles d'être examinés dans le courant d'une même journée. Dans chaque série, le tour d'examen des candidats est déterminé par le sort.

Les sous-officiers faisant partie de la même série sont convoqués de manière à être rendus à destination l'avant-veille du jour où ils doivent subir les épreuves. Ils sont mis en route pour rejoindre leur corps dans la journée qui suit celle où ils ont été interrogés.

Par exception, les sous-officiers de l'Algérie et de la Tunisie sont convoqués en une seule série. A leur arrivée à Marseille, ils sont mis en subsistance dans un des corps de la garnison par les soins de M. le général commandant le 15e corps d'armée qui, les examens terminés, leur fait rejoindre leurs régiments respectifs dans le plus bref délai possible.

Art. 26. La commission exclut, à la majorité des voix, tous les sous-officiers qui ne se présentent pas à leur tour d'examen, sauf motifs valables qu'elle apprécie sans appel.

Lorsqu'un candidat, faisant valoir une excuse légitime, demande à subir l'examen d'instruction militaire dans un centre autre que celui dans lequel il a été ou aurait dû être convoqué, il en est rendu compte d'urgence au Ministre, qui assigne, s'il y a lieu, à ce candidat un autre centre d'examen.

Art. 27. Sur la demande du président de la commission, les commandants d'armes mettent à sa disposition, dans chaque centre, le nombre d'hommes et de chevaux nécessaire et désignent les locaux et terrains à affecter aux examens d'instruction militaire théorique et pratique.

Art. 28. Les questions pour l'examen d'instruction militaire (théorique et pratique) sont tirées au sort.

Les chevaux à affecter aux candidats sont également désignés par la voie du sort, sur l'ensemble de ceux mis à la disposition de la commission.

Art. 29. L'entrée de la salle d'examen est facultative pour les candidats régulièrement convoqués dans les conditions déterminées à l'article 23. Elle est interdite aux autres candidats et au public.

L'autorité militaire locale prend les mesures nécessaires pour assurer la stricte observation de cette prescription.

Art. 30. Chacun des membres de la commission donne aux candidats, pour les différentes parties de l'examen théorique et pratique sur lesquelles ils ont été successivement interrogés, une cote numérique entière prise dans l'échelle de 0 à 20. La moyenne en chiffre entier, des trois cotes données, représente la note définitive à attribuer aux candidats pour chacune des diverses matières, et le produit de cette note par le coefficient correspondant à la nature de l'épreuve donne le nombre de points acquis aux candidats pour cette épreuve.

Art. 31. Immédiatement après la clôture des opérations dans chaque centre, le président de la commission fait parvenir directement au Ministre les résultats des examens.

Ces résultats sont consignés sur un état spécial, revêtu de la signature de tous les membres de la commission, qui doivent s'assurer, avant de l'arrêter, de la parfaite régularité des calculs déterminant le nombre total de points attribué à chaque candidat.

Le président de la commission rend compte, en même temps, au Ministre, des incidents qui ont pu se produire, et lui signale les noms des sous-officiers qui, pour un motif quelconque, n'ont pas subi les épreuves.

COEFFICIENTS.

Art. 32. Les coefficients attribués aux divers éléments du concours sont ainsi fixés :

NOTE D'ENSEMBLE.

Conduite, tenue, capacité, aptitude au commandement, équitation.

Note du chef de corps ou de service............................	5	
Note du général de brigade.....................................	5 } 20	
Note de l'inspecteur général..................................	10	

(A défaut de note du général de brigade, celle du chef de corps ou de service a pour coefficient 8 et celle de l'inspecteur général 12.)

INSTRUCTION GÉNÉRALE.

Dictée..	5	
Narration sur un sujet d'histoire.............................	8	
Géographie..	6 } 30	
Arithmétique..	6	
Géométrie et topographie......................................	5	

INSTRUCTION MILITAIRE.

Théorique	Règlements d'exercices.....................	4	
	Service en campagne........................	3	
	Hippologie et hygiène des chevaux..........	3	
	Service intérieur.	2 } 18	
	Service des places.	2	
	Topographie et lecture des cartes..........	2	
	Administration et comptabilité.............	2	
Pratique........	Règlements d'exercices.....................	18 } 32	
	Service en campagne.	14	

Note d'ensemble 20, Instruction générale 30 } 100 ; Instruction militaire (Théorique 18, Pratique 32) 50.

MAJORATIONS.

Art. 33. Des majorations de points sont accordées aux sous-officiers qui se trouvent dans une ou plusieurs des situations suivantes :

1° Chaque année complète de grade de sous-officier au 31 décembre de l'année de la proposition, en excédent des deux années exigées, donne-droit à une majoration de vingt points.. **20**

(La majoration pour ancienneté de grade ne peut, dans aucun cas, être supérieure à quatre-vingts points.)

2° Tout sous-officier qui, au 1er novembre de l'année de la proposition, compte un an au moins d'ancienneté dans l'emploi de maréchal des logis chef, a droit à une majoration de vingt-cinq points (1).................................... **25**

En outre, chaque année complète d'exercice de cet emploi en sus de la première, donne droit à une majoration de dix points........................ **10**

(Les sous-officiers non pourvus de l'emploi de maréchal des logis chef à l'époque de leur proposition, comptent néanmoins les majorations qui leur sont acquises pour l'exercice antérieur de cet emploi.)

---

(1) Les chefs de corps informeront immédiatement le Ministre des mutations concernant les maréchaux des logis qui viendraient à se produire après l'établissement des propositions et qui pourraient modifier ou supprimer le droit à cette majoration.

3° Chaque campagne de guerre donne droit à une majoration de dix points.. 10

Chaque campagne résultant du simple fait du séjour en temps de paix, en Algérie ou en Tunisie, donne droit à une majoration de cinq points........... 5

> (Les campagnes doivent toujours être comptées simples. Les campagnes en cours de durée sont arrêtées au 31 décembre de l'année de la proposition.)

4° Chaque blessure reçue à l'ennemi donne droit à une majoration de dix points.. 10

> (Plusieurs blessures reçues dans une même affaire ne comptent que pour une seule).

5° Chaque citation à l'ordre de l'armée ou d'un corps expéditionnaire donne droit à une majoration de dix points... 10

6° Tout sous-officier décoré de la médaille militaire a droit à une majoration de vingt points.. 20

Tout sous-officier décoré de la Légion d'honneur a droit à une majoration de quarante points 40

> (Ces deux majorations peuvent se cumuler.)

Nota. — Il n'est tenu compte, en aucun cas, des majorations excédant le chiffre de cent cinquante points.

En conséquence, il ne sera compté que cent cinquante points aux sous-officiers dont le total des majorations, calculées suivant les règles établies ci-dessus, dépasserait ce chiffre.

CLASSEMENT DES CANDIDATS.

Art. 34. Lorsque tous les mémoires de proposition et tous les résultats de l'examen d'instruction militaire lui sont parvenus, le Ministre fait transcrire sur ces documents le nombre total des points obtenus par chaque candidat, tant pour l'examen d'instruction générale que pour l'examen d'instruction militaire, et fait procéder au classement, par ordre de mérite, des candidats, d'après le total général des points obtenus par chacun d'eux dans les différentes épreuves (note d'ensemble, examen d'instruction générale, examen d'instruction militaire, majorations).

Art. 35. A égalité de points, l'ancienneté dans le grade de sous-officier donne la priorité.

Art. 36. Le Ministre fixe, chaque année, le nombre des sous-officiers à admettre, d'après l'ordre de classement, à suivre les cours de la division des élèves-officiers à l'Ecole d'application de cavalerie.

Les noms des sous-officiers désignés pour aller à Saumur sont publiés au *Journal officiel* et portés à la connaissance des généraux gouverneurs militaires et commandants de corps d'armée, qui les notifient aux chefs de corps ou de service intéressés.

SÉNÉGAL, SOUDAN, MADAGASCAR, TONKIN, ETC.

Art. 37. Les sous-officiers employés dans les colonies ou dans les pays de protectorat autres que l'Algérie et la Tunisie (Sénégal,

Soudan, Madagascar, Tonkin, etc.) doivent satisfaire aux conditions imposées par la présente instruction en ce qui concerne l'ancienneté dans le grade de sous-officier.

Ils ne sont astreints qu'aux épreuves écrites mentionnées à l'article 8. Le commandant militaire donne lui-même le sujet des compositions, fixe la date de ces épreuves, indique les localités dans lesquelles elle doivent être subies et les soumet ensuite à l'examen de correcteurs nommés par lui.

Le mémoire de proposition indiquant : 1º les notes du chef de corps et des généraux ; 2º les différentes majorations auxquelles le candidat a droit pour ses services ; 3º les notes obtenues pour les compositions écrites, est joint au travail d'inspection de l'unité à laquelle appartient le sous-officier. A la réception de ces propositions, le Ministre apprécie et statue.

Art. 38. Lorsque, par suite soit d'événements de guerre survenus aux colonies, en pays de protectorat ou en pays ennemi, soit de toute autre circonstance de force majeure, les sous-officiers proposés pour le grade de sous-lieutenant sont dans l'impossibilité de subir les épreuves écrites nécessaires pour établir leur instruction générale, il est fait un rapport au Ministre, qui apprécie les circonstances et statue sur le vu du mémoire de proposition établi en leur faveur.

Il est procédé de la même manière pour les sous-officiers dont, à raison de faits de guerre particuliers, les commandants des colonnes expéditionnaires demandent l'admission à l'Ecole d'application de cavalerie sans examen ou la nomination immédiate au grade de sous-lieutenant.

Candidats provenant des officiers démissionnaires.

Art. 39. Les sous-officiers provenant des officiers démissionnaires de l'armée active, candidats au grade de sous-lieutenant, sont dispensés de toutes les épreuves (instruction générale et instruction militaire) imposées aux autres sous-officiers et susceptibles d'être nommés sous-lieutenants sans être astreints à suivre, au préalable, les cours de l'Ecole d'application de cavalerie.

En conséquence, les sous-officiers de cette catégorie, qui ont été de la part de l'inspecteur général l'objet d'une proposition régulière, sont inscrits au tableau d'avancement et nommés au grade de sous-lieutenant, s'ils comptent d'ailleurs deux années révolues d'ancienneté de grade de sous-officier (1), avant les sous-officiers

---

(1) Les sous-officiers de cette provenance doivent, pour pouvoir être l'objet d'une proposition pour le grade de sous-lieutenant, compter, depuis leur réadmission sous les drapeaux, au moins deux années révolues de grade de sous-officier au 31 décembre de l'année de la proposition.

Toutefois, aux termes du décret du 26 novembre 1888, ces candidats ajoutent à leur ancienneté dans le grade de sous-officier, mais seulement s'ils ont accompli dans l'ar-

suivant alors les cours de la division des élèves-officiers à l'Ecole d'application de cavalerie.

Les propositions concernant les sous-officiers auxquels s'applique le présent article doivent être adressées au Ministre avec le travail d'inspection générale et être accompagnées d'une lettre d'envoi signalant la situation particulière des candidats.

Art. 40. Les dispositions contenues dans la présente instruction, qui remplace et annule celle du 6 décembre 1894, commenceront à recevoir leur application pour le concours de 1897.

Le Ministre de la guerre,

Signé : Gal BILLOT.

---

mée active, au moment où leur démission a été acceptée, le temps de service exigé par la loi sur le recrutement, savoir :

1° Le temps qu'ils ont passé comme officiers dans l'armée active ;

2° Le temps pendant lequel ils ont été soit sous officiers (élèves) à l'Ecole spéciale militaire, soit sous-officiers dans un corps ou service de l'armée active ou dans une des écoles militaires.

^e CORPS D'ARMÉE.

—

^e DIVISION

ou

^e ARRONDISSEMENT
D'INSPECTION.

—

^e Brigade.

MODÈLE

(A établir par les soins des corps.)

—

RÉPUBLIQUE FRANÇAISE.

Exécution des prescriptions de l'article 1er de l'instruction ministérielle du 3 décembre 1896.

Format tellière :
0^m,313 sur 0^m,206.

Le present certificat doit être joint au mémoire de proposition pour le grade de sous-lieutenant.

Il n'est valable que pour l'année au titre de laquelle il a été délivré.

CONCOURS

pour l'admission à l'École d'application de cavalerie en 189 .

^e **Régiment de**

CERTIFICAT

D'INSTRUCTION GÉNÉRALE ET D'INSTRUCTION MILITAIRE THÉORIQUE

ET PRATIQUE

délivré à M.

Le Colonel et les Officiers supérieurs du   ^e régiment de
certifient qu'au point de vue de l'instruction générale et de l'instruction
militaire théorique et pratique, M.   est apte
à subir les examens d'admission à l'École d'application de cavalerie.

A   , le   189 .

Le Major,   *Le Chef d'escadrons,*   *Le Chef d'escadrons,*

Le Lieutenant-Colonel,   *Le Colonel,*

CORPS D'ARMÉE.

DIVISION
ou
ARRONDISSEMENT
D'INSPECTION.

Brigade.

MODÈLE

(A établir par les soins du corps.

A   , le   janvier 189 .

RÉGIMENT D

ÉTAT des sous-officiers présentés pour subir, en 189 , les examens pour l'admission à l'École de cavalerie en qualité d'élèves-officiers.

NUMÉROS matricules.	NOMS.	GRADES.	AVIS du GÉNÉRAL DE BRIGADE.	DÉCISION du GÉNÉRAL INSPECTEUR.

NOTA. — Cet état fait retour au corps assez à temps pour qu'il puisse établir les mémoires de proposition.